Titulo - A Doutrina Cristã Esotérica
Colecção - A Gnose Primitiva no Século XXI
Autor - Jean Bricaud
Co-autor: Tau Christophorus de Lusignan
© 2012 Christophorus de Lusignan, all rights reserved
ISBN: **978-1-105-77961-9**

Congregação Apostólica do Santo Espírito.

O.T.H.C.A.C   O.C.R.

☦mprimatur
☩ Christophorus de Lusignan
☩ Flamula Veritatis

2012

INDICE

Introdução

Preliminares

Lição 1 - gnose

Mistérios que iluminam

Lição 2 - o mundo divino
Lição 3 - o mundo espiritual
Lição 4 - o mundo hílico ou material
Lição 5 - do homem
Lição 6 - cristo o salvador
Lição 7 - a ascenção ao pleroma e a dissolução do mundo hílico

Mistérios que purificam

Lição 8 - a vida religiosa
Lição 9 - o pecado
Lição 10 - a oração
Lição 11 - os sacramentos
Lição 12 - os dois baptismos
Lição 13 - o mistério do grande nome
Lição 14 - o mistério inefável
Lição 15 - o mistério das unções pneumáticas
Lição 16 - a igreja

In Veritas Non Errabis

Ad Majoram Dei Gloriam:
Sé Episcopal de Ulisseia, Páscoa.

Que a Paz e a Graça de Deus nosso Pai, a bênção do Filho e os dons do Espírito-Santo, estejam com todos os que lerem estas linhas.

A natureza completou mais um ciclo e, nesta continuidade imparável da manifestação divina, cabe-nos ver nela um exemplo a seguir. Compete-nos a responsabilidade de parar, avaliar o que passámos, o que fizemos, o que completámos, de forma a podermos dignamente iniciar mais uma etapa da nossa existência, plena de conquistas e felicidades. Um novo ano com uma nova vida.

Tal como na natureza, temos de aprender a semear no tempo certo, a regar quando haja necessidade e a cuidar da nossa sementeira para que quando o tempo dela se cumpra, possamos colher o fruto que velámos durante o tempo da sua obra; para dele retirarmos os nutrientes necessários para o completar do nosso próprio ciclo - um após outro - até chegar o tempo de sermos colhidos.

Sim! Também nós somos grãos ou pó, moldados ou criados com um fim. E é certo que esse fim chega sem sabermos o dia ou a hora. Devemos pois estar preparados, vigilantes, tentando sempre frutificar, crescer e agradecer ao nosso semeador por nos dar mais hipóteses de prosperar.

Anos após anos, tenho ouvido muitos homens e mulheres comentarem o Cristianismo. Muitos olham-no como algo inatingível, outros como um alvo a abater. Não só por ignorância, como também por culpa de educadores e fomentadores de obrigações, como frequências de determinados colégios ou missas e catequeses totalmente desajustadas às idades e respectivas compreensões.

Uma criança pode de facto imaginar que Cristo é amigo, que é bom. Mas jamais poderá compreender (salvo raras excepções) os mistérios sublimes da fé e os conceitos de transcendência que as respostas acerca do divino contêm.

Hoje, a ciência conclui o que os místicos há muito sabiam: que a realidade do desenvolvimento se dá em períodos de sete anos, nos quais cada ser humano desenvolve cada um dos seus corpos: Físico, emocional e mental. Estes conhecimentos, aliados à educação hoje existente, levam muitos cristãos a questionar-se no que concerne a pontos de doutrina. Alguns exemplos claros são, por exemplo, se as crianças deverão receber sacramentos antes da efectivação total das três etapas de construção da personalidade anteriormente referidos? Existirá remissão de Karma na criança, entendendo o sacramento como uma unção efectuada pelo divino através da matéria consagrada por Ele próprio usando para isso o Sacerdote, sem que a criança tenha consciência do processo? Afinal o subconsciente é independente do racional, ou será que não?

Espero que no final deste catecismo, obtenhais pela vossa meditação, a resposta a esta e a outras questões.

Hoje importa compreender como homens e mulheres podem encontrar respostas à sua própria vontade de conhecer o que está para lá de cada um abarcando tudo; inclusive a própria criação.

Este catecismo do saber, do conhecimento, da gnose, da compressão hermética – entenda-se: oculta ao olhar de quem olha mas não observa, de quem passa os olhos mas não medita, de quem não compreende porque não pensa por si só – tem como objectivo tornar-nos cada vez mais conscientes do que está para lá do visível e dos mistérios que regem a humanidade e a criação. Pretende esclarecer os leitores, iniciados ou não, cristãos ou não e os interessados em descobrir e estudar formas diferentes de encarar a mesma realidade sagrada, tão necessária à nossa vida como o alimento físico.

Espero que ele vos ajude a pensar. Cada vez mais e mais. Meditai nas questões sem preocupações temporais. E usai este pequeno livro em tamanho, mas grande nas portas que apresenta, como um manual que gosta de ser lido e relido, esperando a cada leitura dar um pouco mais de luz aos que dela se alimentam.

Sei que no fim de um dia cheio de obrigações, pouca paciência ou tempo nos resta para meditar. Mas é urgente que o façamos. É urgente pensar neste mundo mostrengo, robótico, que gira porque tem de girar e faz porque tem de fazer. Que aceita tudo, porque sim!

É urgente desafiar esse Golias para o vencermos como David. À imagem de David temos de ir contra a corrente, temos de sair do padrão que passa como folha outonal solta ao vento, sem semente nem fruto.

Esta tradução, adaptada do conteúdo original, rompe o véu da perspectiva hermética cristã tornando-a mais digesta. Queira Deus que estas linhas sejam úteis a uma só pessoa, para que neste brilhe a luz do farol orientador que conduz ao porto de abrigo da sabedoria divina vinda de Deus Pai, pelo Verbo Seu Filho e pela acção do Santo Espírito.

Confiai na providência divina!

✠ Christophorus de Lusignan

Sequorum Stella Maris

Ad Majoram Dei Gloriam:
Sé Episcopal de Sintra, Lua cheia de Touro, 2010

A propósito da publicação da "Doutrina Cristã Hermética"

De entre os textos mais reveladores, mas ao mesmo tempo mais perturbantes do Cristianismo moderno - pela forma desassombrada como expõe formulações Teológicas de um alcance surpreendente - podemos enumerar "La Doctrine Crétiene Esoteric", de +J. Bricaud, redigida com base na mais antiga e pura Gnose, agora modernizada e disposta de modo a ser facilmente entendida pelos mais desatentos membros das congregações Cristãs e servir de agradável alimento espiritual a todos os outros.

Trata-se de um corpo doutrinal apresentado de maneira simples, dividido em três partes, a saber: A Gnose, os Mistérios que Iluminam e os Mistérios que Purificam; em 16 lições catecúmenas que resumem as linhas mestras do pensamento Cristão Gnóstico milenar. A sua forma é tradicional - por perguntas e respostas - num diálogo invisível que arruma de modo claro os temas mais discutidos da Teologia Cristã e ergue os pilares de uma outra forma de viver a mensagem do Senhor. Não oferece, contudo, explicações supérfluas. É um corpo sólido, bem fundado na Tradição mais antiga e testado pelos séculos dos séculos. Aceita-se ou não se aceita. A sua compreensão - tal como a de todas as matérias religiosas - é profundamente útil, mas facultativa. Não é necessário racionalizar os conceitos e as revelações doutrinais para que estas produzam os frutos espirituais que está na sua natureza produzir. Basta que a Doutrina seja semeada no coração - lugar literal e simbólico; recipiente do sangue e fixador do espírito - para que encontre o seu caminho até ao inconsciente e o desperte do sonho letárgico que o prende sob uma pesada mortalha de consumadas eras e trepadeiras. Esta Doutrina Cristã Hermética, tomada no seu todo e trabalhada em prol do Ser, é deste modo um elixir reluzente de particular força vital.

Deve saber-se que +J B não é o redactor solitário das linhas que vos apresentamos. Bricaud, silencioso vigilante, foi um dedicado Martinista, um estudioso da Gnose antiga, seja pela corrente que lhe chegou em virtude da sua associação aos mais influentes obreiros conhecidos (como Jules Doinel, Abbé Júlio ou o Maitre Philippe de Lyon) e desconhecidos do hermetismo na viragem do século XIX para o século XX, seja pela sua particular devoção aos estudos dos antigos documentos da Rosacruz, seja ainda pelo interesse apaixonado pelos estudos dos rituais, filosofia e teologia Cátara (da qual é testemunho a referência ao Consolamentum na presente Doutrina Hermética).

Mais do que ater-nos à forma - seguramente a componente que mais pode chocar as concepções já "formadas" de outros modos por muitos dos leitores e cristalizadas nessa inércia formal - interessa perceber o espírito que está escondido por detrás das letras e palavras corpóreas que se nos apresentam neste precioso documento. As realidades espirituais de que nos fala são superiores às diversas percepções - e formas de formular essas percepções - das diversas correntes Cristãs. A Doutrina Gnóstica só se realiza em pleno quando o crente conquista a Gnose e tem a sua experiência pessoal da dimensão Divina da Vida, da Criação e do Homem. Não é uma Doutrina ao serviço de uma infindável hierarquia eclesiástica terrena, é uma Doutrina ao serviço de uma Eterna Hierarquia Excelsa, de que o Filho nos deu conta e à qual nos convidou a ascender. A forma pela qual esta Doutrina nos é dada - hoje Cristã, antanho até Védica ou mesmo Hermética - não deve condicionar as mentes e impedi-las de ver o sol que ilumina as formas em vez de se alarmar por elas.

Trata-se de uma Doutrina profundamente avançada e moderna precisamente por ser Ortodoxa e Tradicional. Hoje é moda estripar a essência da carne deixando-a a secar num estendal de ideias paralelas, relativas e mortas. O pensamento analítico, frio, particularista actual, ofende-se com conceitos abrangentes e universais, como os da revolucionária Ortodoxia da religião pura, primitiva e pessoal - para o homem, cada homem - como ela sempre foi. O pensamento particularista cartesiano, acutilante como um bisturi, que busca o todo através da divisão cada vez mais fina das partes, é o mesmo que preconiza uma Democracia igual para todos e impõe princípios de laicismo estéril em oposição à inclinação mística natural do ser - as partes - por considerar que a Religião está em oposição à Liberdade e à individualidade. Contudo, quando a Religião Superior emerge, quando a Luz da Verdade indivisível desponta, o brilho daquela Religião que liberta cada crente por si mesmo - um por um - pela prática natural e voluntária da Lei Divinal, da Gnose, a mesma mola cartesiana salta em desconfortável sobressalto desconjuntado, antevendo já o cortejo que acompanhará o seu triste finado.

A publicação da "Doutrina Cristã Hermética", uma parte do Catecismo da Ecclesia Interior, compilado por +J. Bricaud e agora traduzido, adaptado e comentado, é por isso um acontecimento que deve ser celebrado. Um passo importante na vida da nossa congregação. Um marco que se abre ao estudo atento de novos e velhos irmãos. A oportunidade da renovação da Fé pelo estudo dos seus fundamentos.

Vossa é a Missão.

✠Flamula Veritatis

NERVUS
OPTICVS
P: ZACHARIÆ
TRABER
SOC: IESV
SACERDOTIS

PRELIMINARES

Primeira lição:

Acerca da Gnose

- O que é a Gnose?
A Gnose é a suprema ciência religiosa que consiste no conhecimento verdadeiro dos três mundos: divino, espiritual e material; e dos seus inter-relacionamentos.

- Qual é o outro nome que se dá à Gnose?
À Gnose dá-se também o nome de Doutrina Cristã Esotérica ou Hermética. É chamada de cristã porque nos foi ensinada pelo próprio Cristo; e esotérica ou hermética porque foi transmitida por ele a um grupo reduzido de homens através do ensinamento oral.

- Cristo não ensinou também aos homens uma doutrina exotérica?
Sim, mas esse ensinamento foi dado publicamente e revela somente o lado prático da doutrina, que é a moral e um pouco de esoterismo sob o véu das parábolas.

- Quem são aqueles a quem Cristo ensinou a Gnose?
São os seus doze apóstolos e alguns outros discípulos cuja reunião constituiu a primeira igreja

- Uma parte da Gnose foi revelada nas Escrituras?
Sim, uma parte da Gnose foi revelada nas Escrituras pelo apóstolo São João e por alguns outros discípulos.

- Antes da vinda de Cristo os homens possuíam a Gnose?
Desde o início da humanidade alguns homens possuíram a Gnose, contudo o tempo fez com que a mesma se degradasse.

- Qual foi o verdadeiro objectivo da vinda de Jesus O Cristo à terra?
O verdadeiro objectivo de Jesus O Cristo foi vir purificar, ou rectificar, a antiga Gnose, de forma a aperfeiçoá-la.

- Parte da Gnose antiga foi escrita?
Sim, parte da Gnose antiga foi escrita; particularmente nos VEDAS, no AVESTA e em alguns livros hebraicos como os Salmos, o Livro de Daniel, o Livro da Sabedoria, o Eclesíastes, o Livro de Enoch e algumas obras escritas da Cabala.

- O entendimento destes escritos antigos é-nos útil?
É-nos extremamente útil. Eles ajudam-nos a clarificar certos aspectos dos ensinamentos de Cristo, enquanto simultaneamente nos mostram a unidade e a verdade da doutrina secreta desde os tempos mais antigos até a vinda de Cristo.

- Quais são hoje as bases da Gnose?
São o conhecimento das tradições antigas e Cristãs.

- Em quantas partes se divide a Gnose?
A Gnose divide-se em duas partes.

- O que contém a primeira parte?
Contém a enumeração dos mistérios que ILUMINAM.
Estes mistérios consistem nas verdades que são ocultadas ao povo em geral e que explicam as realidades dos três mundos. Estas são estas verdades que clareiam e iluminam a mente.

- O que contém a segunda parte?
Contem a enumeração dos mistérios PURIFICADORES.
Estes, são os ritos secretos que afastam as faltas (pecados), que purificam e santificam a alma e que permitem ascender ao pleroma.

SINE MAÇVLA

MISTÉRIOS QUE ILUMINAM

Segunda lição:

Acerca do Mundo Divino.

- Que é Deus?
Deus é o "SER", uno, simples, infinito e absoluto.

- Possui o Ser um início e está ele em algum lugar?
Não, o Ser não teve um início. Ele é eterno e está presente em todos os lugares.
Ele é vasto. Tudo que existe está nele.

- Quais são as essências do Ser?
Primeiro: o Ser é todo-poderoso; ele é o ser em potência.
Segundo: o Ser é actividade; ele é o ser em manifestação.

- Como é realizada a transição do ser em potência ao ser em manifestação?
O Ser em potência passa ao ser em manifestação tornando-se consciente de si mesmo.

- Que termo expressa a passagem da potência à manifestação?
O verbo EMANAR. O ser em potência emana o ser manifestado. O mesmo é dizer que o ser manifestado é uma emanação do ser em potência.

- São o Ser em potência e o Ser manifestado, dois seres?
Não, eles são dois aspectos do mesmo Ser que é Deus.

- Pode existir mais de um Deus?
Não, porque ele é uno e infinito. Contudo, existem três pessoas nele, por isso diz-se que Deus é uma Trindade.

- Cada uma dessas pessoas é um Deus?
Cada uma das pessoas consiste numa determinação do ser divino, numa atribuição, num plano divino. Não existem em separação. São tri-unas, isto é: expressam a unidade de forma tripartida. São o Theotrim.

- Como são chamadas as três pessoas divinas?
São chamadas: Pai, Filho e Espírito Santo.

- Quais são as propriedades do Pai?
São a livre e voluntária actividade, a criação dos seres e o estabelecer da atracção entre eles.

- Quais são as propriedades do Filho?
São a palavra ou Verbo. O Logos, razão e inteligência.

- Quais são as propriedades do Espírito Santo?
São o amor, a vida e a unidade.

- O que é então o Pai?
O Pai não é outro senão o Ser em manifestação, o primeiro nascido do Ser em potência, o primeiro Ser.
Ele não é O SER, mas um Ser; ele é o Pai enquanto que O Ser é o PRIMEIRO PAI (propagador).

- O que então é Cristo?
Cristo é a manifestação universal da inteligência, o movimento vibratório que expressa o Logos e o que activa todos os seres.

- O que então é o Espírito Santo?
É a força que produz uma espécie de corrente que vem do divino centro do universo até aos limites do mundo físico, retornando em seguida para o centro de onde veio.

MATER INVIOLATA.
Sol in Virgine.

Eò quòd castitatem amaveris, ideo eris benedicta in æternum . Iudith . 15 .

Terceira lição:

Acerca do Mundo Espiritual

- O Pai criou todos os seres de uma só vez ou cria novos seres a cada dia?
O Pai criou uma grande quantidade de seres de uma só vez. Contudo não criou todos os possíveis. Assim, cada dia, ele cria novos seres.

- Como se chamam todos esses seres que não estão ligados uns aos outros?
A esses seres que não estão ligados uns aos outros, chamamos Éter.

- Esses seres encontram-se simultaneamente no mesmo grau de desenvolvimento?
Não. De acordo com sua maturidade, alguns estão mais avançados no que respeita à vontade, pensamento e consciência do que outros.

- Como se chamam esses seres que alcançaram os referidos estados de desenvolvimento?
Chamam-se espíritos, e dividem-se em elementares e complexos.

- Possuem os espíritos algum tipo de corpo?
Sim, os espíritos possuem um corpo etéreo muito subtil. A esse corpo dá-se também o nome de corpo espiritual ou pneumático.

- Os espíritos podem tornar-se visíveis?
Sim, os espíritos podem tornar-se visíveis, materializando os seus corpos subtis, chegando à tangibilidade.

- A forma que os espíritos tomam nesse processo é a sua verdadeira forma?
Não. Essa forma é-lhes concedida; a sua verdadeira forma é-nos desconhecida.

- Existem muitos espíritos?
O seu número é incomensurável. Eles formam dentro do universo um vasto mundo brilhante ao qual se dá o nome de CÉU. Aí no seu centro reside o mundo divino.

- Em quantas categorias são divididos os espíritos?
Em três categorias principais: a hierarquia elementar; a hierarquia hominal e a hierarquia angélica.

- Como se denominam as várias categorias de espíritos? E os lugares onde cada categoria habita?
Os seus nomes são: EONS (Aeons).

- Num mundo tão vasto e tão antigo, composto de espíritos livres, o que aconteceu?
Os espíritos, sendo livres, tinham a possibilidade de fazer o mal e a tradição ensina-nos que isso de facto aconteceu.

- O que nos ensina a tradição a respeito da origem do mal?
Ensina-nos que algumas cabeças da hierarquia angélica recusaram obedecer à lei que governa o pleroma desejando avançar para um plano mais elevado que aquele a que pertenciam, sem perfazerem condições para tal. Isto causou uma grande desordem no pleroma.

- A que deu origem a referida revolta dos anjos?
A revolta originou uma terrível luta entre espíritos que culminou com a desorganização e expulsão das legiões de espíritos rebeldes do pleroma para as trevas exteriores.

- Qual era o nome do líder dos espíritos rebeldes?
A tradição dá-lhe diversos nomes. Chama-o de ATHAMAS (fogo); OPHIMORPHOS (o que tem forma de serpente); A GRANDE SERPENTE, O GRANDE ARROGANTE, etc.

Quem reorganizou o pleroma?
Um espírito superior dos filhos de Deus ao qual chamamos SALVADOR, ou ESTRELA DO PLEROMA.

- Está o mundo espiritual completo?

Não. Desde a queda ou CATABOLE dos espíritos rebeldes, o mundo espiritual está incompleto; pois os espíritos expulsos estão perdidos nas trevas exteriores.

Quarta lição:

Acerca do Mundo Hílico ou Material.

- Em que região se formou o mundo hílico (ou material)?
O mundo hílico formou-se no termo do luminoso pleroma sob a forma de uma nuvem imensa chamada *nebulae original.*

- De que era constituída esta *nebulae original?*
Inicialmente era constituída por gases incandescentes de diversas naturezas, representando várias fornalhas.

- Que mais continha esta *nebulae original*?
Continha os elementares superiores e todos os espíritos expulsos do céu para as trevas exteriores.

- Como se chama esta mistura de todos os espíritos caídos?
Chama-se CAOS.

- Quem é o líder e organizador do caos?
É ATHAMAS, a grande serpente, que devido ao seu papel organizador é também chamado de DEMIURGO.

- Cristo interveio neste trabalho do demiurgo?
Sim, interveio, porque nada pode ser feito sem ele.

- Que processo se deu para que a *nebulae original* se viesse a tornar no mundo que agora contemplamos?
Cada líder dos espíritos alinhou sob as suas ordens os arcontes e elementares que lhe pertenciam. Estes exércitos assim formados foram-se separando uns dos outros concentrando-se e concentrando junto deles uma parte dos gases da *nebulae.*
Mais tarde, como resultado do arrefecimento progressivo, as esferas foram-se formando. Constituídas de partes líquidas e gasosas, foram apelidadas de planetas. Assim é a terra.

- Quem presidiu à organização da terra?
O arconte Satan, ou príncipe dos poderes do ar.

- Quantas épocas podem ser enumeradas no processo de formação da terra?
Seis épocas de formação podem ser enumeradas.

- O que caracterizam estas seis épocas?
A evolução progressiva até hoje. Assim temos: cobertura de água, líquenes, fungos, florestas, animais e mamíferos de todos os tipos. Destes, alguns tornaram-se bípedes, sugerindo o homem.

- Que nome damos às espécies de bípedes mamíferos que sugerem o homem?
Damos-lhe o nome de PRECURSORES do homem ou HOMEM ANIMAL. Estes não foram dotados de capacidade de raciocínio nem de fala. Possuíam superioridade física comparativamente aos restantes animais.

- Qual é a actividade de Satan e dos anjos?
Fundamentalmente a actividade consiste em exercerem sobre nós uma acção fascinante que nos mantem presos à matéria. Também posicionam os elementares contra nós, com a finalidade de nos criarem dificuldades.

- Existe algum espírito bom na terra?
Sim, existem bons espíritos na terra. Estes misturam-se com os espíritos caídos e com os elementares.
Os espíritos bons podem, por seu desejo, regressar ao pleroma ou tornar a este plano repetidamente.

-Existem espíritos especificamente responsáveis pelo nosso zelo?
Sim, existem espíritos que são responsáveis pelo nosso zelo e protecção; eles chamam-se ANJOS DA GUARDA.

OMNES IN ALBVM

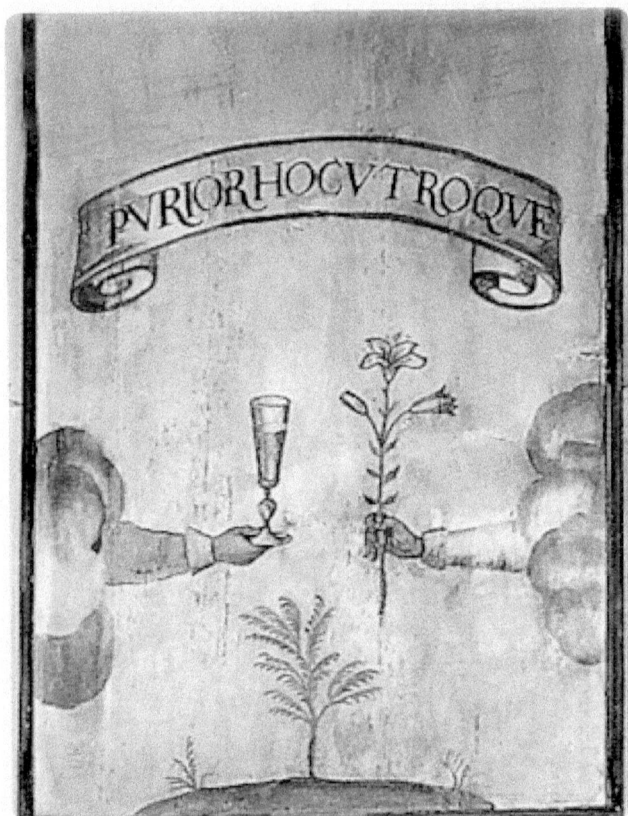

Quinta lição:

Acerca do Homem

- O que é o Homem?
O Homem é um espírito dotado de razão e liberdade, combinado com uma alma e um corpo animal.

- O que é um animal?
É uma alma, ANIMA em latim, combinada com um corpo.

- Em que difere o Homem dos animais?
O Homem possui sentidos mais profundos que os animais; tais como: poder, liberdade, consciência, moral e razão. Resumindo, possui o espírito.

- Qual é a origem do espírito?
O espírito do Homem tem origem celestial. Pertence à hierarquia hominal dos filhos de Deus. O Espírito veio à terra para se poder combinar com a alma e o corpo do PRECURSOR ANTROPÓIDE.

- Porque é que esse espírito de hierarquia hominal desejou combinar-se na terra?
Porque essa era a forma de poder aperfeiçoar a alma do precursor de forma a levá-lo consigo para o pleroma.

- Qual era o condição do primeiro homem na terra?
O primeiro homem iluminou definitivamente a alma através da luz do Logos; ele possuía o conhecimento de Deus e do mundo e era livre das doenças, do sofrimento e da morte.

- Qual era o propósito do primeiro homem?
O retorno. Tendo passado muito tempo na terra, o homem original atravessaria uma série de metamorfoses através das quais iria sucessivamente libertando o espírito e a alma do corpo, tornando-se cada vez mais espiritualizado nesse processo de desmaterialização.

Então, o espírito do homem deixaria a terra para voltar aos céus, levando com ele a alma e o corpo espiritualizado. Aquele corpo que temos e conhecemos como GLORIOSO.

- Foi atingido o objectivo que os espíritos determinaram, antes da sua descida à terra?
Não. Quase todos os que desceram falharam.
Perante as ilusões inferiores (terrestres) acabaram por sucumbir aos impulsos da alma perdendo o controlo sobre si mesmos.
Disto resulta o processo de densificação em que o homem de espírito passa a homem de carne. A espiritualização diminuiu, baixou, decaiu. Deu-se a QUEDA.

- Em que consiste a queda do Homem?
Consiste na perda de quase todas as faculdades que ele possuía no seu estado original. Com essa privação o Homem tornou-se quase um animal. Como consequência a queda foi passada aos seus descendentes.

- Como foi perpetuada a queda do Homem?
Foi perpetuada pelo processo de HEREDITARIEDADE.

- Que nome se dá a esta forma de hereditariedade que recebemos quando do nosso nascimento?
Dá-se o nome de desonra original ou PECADO ORIGINAL.

- A vergonha, pecado ou desonra original torna-nos escravos do arconte terrestre ou de Satan?
Sim, como consequência da queda hereditária, todos os homens nascem escravos do arconte terrestre e das suas legiões.

- Que sofrimentos nos faz passar o arconte terrestre?
Ele faz-nos sofrer de gravidade, calor, frio, doenças, dor, morte, reencarnações e vidas sucessivas.

SVB TVVM PRÆSIDIVM CONFVGIMVS, MARX ANTONI
SANCTA DEI GENITRIX MARIA . HANNAS.

Sexta lição:

Cristo O Salvador

- Quem é Yeshua?
Jesus é o superior de todos os homens superiores que vieram à terra para fazer a humanidade avançar no caminho do bem e da verdade.

- Onde nasceu Yeshua?
Jesus nasceu em Nazaré, uma pequena cidade da Galileia.

- Em que trabalhou Yeshua de Nazaré?
Trabalhou no ensino da gnose pura e exacta e pregou ao povo o caminho que leva à vida santa e verdadeira que, pela graça divina nos dá entrada nos céus.

- O que distinguiu Yeshua dos outros grandes homens?
O facto de ele ter manifestado o Logos: o Cristo no mais alto grau possível.

- Com que idade Yeshua se tornou o lar do Cristo na terra?
Com aproximadamente trinta anos.

- Cristo permaneceu em Yeshua até a sua morte?
Não. Após Yeshua ter completado o seu papel como instrumento do Logos, essa fonte da luz espiritual que habitava nele não possuía motivo para permanecer na terra. O Cristo desapareceu de Jesus no momento em que ele foi preso.

- Quando Yeshua foi crucificado, O Cristo estava com ele?
Não. Foi por isso que ele gritou: "Eon, Eon, porque me abandonaste?"

- Em que consistia a missão do Salvador Cristo na terra?
Consistia em:
- Livrar-nos da escravidão do arconte e reintegrar-nos no nosso estado primitivo;

- Restaurar na terra o reino dos céus;
- Reconduzir-nos ao pleroma espiritual, nosso lar de génese.

- O que fez Cristo, o Salvador para completar a sua missão?
Veio à terra, viveu a nossa vida, ensinou-nos o que é Deus, o que é o nosso mundo, quem nós fomos, quem nós somos, e o que deveremos ser.
Ensinou-nos os métodos para nos livrarmos da escravidão e as formas de nos purificarmos de modo a podermos reintegrar o nosso estado original.
Finalmente, representou diante de nós o drama da vida humana, para nos servir de modelo e para que o imitássemos.

- Deixou Cristo alguma coisa para nós antes de retornar aos céus?
Sim. Ele deixou-nos o ESPÍRITO SANTO. Este veio ao mesmo tempo que Cristo e permaneceu na terra e em nós quando Cristo partiu.

- Qual é a função do Espírito Santo entre nós?
A sua função é realizar uma mudança no homem. Uma regeneração, ou CONVERSÃO, através do arrependimento e da santificação. Depois de cumprir essa tarefa, unificar todas as pessoas convertidas da terra entre elas mesmas e posteriormente com todos os espíritos que estão nos céus. Assim se restaurará a unidade do Pleroma

- Como se expressa essa unidade?
Expressa-se pelo facto de todos os membros do pleroma formarem um único corpo, do qual o Salvador é a cabeça e os outros seres os órgãos. Desta forma, do que beneficia um dos órgãos beneficia o todo.

- Como se chama esta unidade?
Chama-se a COMUNHÃO DOS SANTOS.

Eminet – sie ragt heraus

ADLVCEMVENIVNT

Sétima lição:

A Ascensão ao Pleroma e a dissolução do mundo hílico

- O que acontecerá à terra no final dos tempos?
Os reinos terrestres serão destruídos e o homem, cada vez mais cheio do espírito de Cristo, restabelecerá o reino celeste na terra.

- No reino celeste estará o homem reintegrado no seu estado original?
Sim.
Quando a ciência descobrir as formas de sujeitar a si todas as forças, encontrará também os meios necessários para restaurar no homem as suas propriedades originais.

- Restabeleceremos então as nossas relações com o mundo invisível?
Sim, e seremos capazes de comunicar com ele de muitas maneiras.

- Qual será o relacionamento da humanidade com o mundo dos espíritos?
As materializações e aparições de espíritos irão acontecer cada vez mais frequentemente. Entre os vivos será visto um grande número de mortos.

- Nessa época os homens morrerão?
Não, eles encontrarão o meio de converter a morte numa simples metamorfose como acontecia no tempo do homem original.

- Este reino celeste durará para sempre?
Não, mas nesse momento estaremos mais próximos do tempo da ascensão ao pleroma.

- O que caracterizará esse tempo?
A vinda do Salvador. Ele virá à terra no seu corpo pneumático. Será acompanhado pelos santos que já tiverem retornado ao pleroma e por uma multidão de anjos.

- Aqueles que nessa altura se arrependerem poderão retornar ao pleroma?

Não, as portas da luz serão fechadas para sempre.

- O que acontecerá aos convertidos ou perfeitos?

Todos os perfeitos, agrupados à volta do Salvador, ascenderão com ele ao pleroma, de onde afluiram.

- O que acontecerá então ao mundo hílico?

Dissolver-se-á. A sua existência será recordada como um acidente no tempo ilimitado.

D. Virgo Clarimontis Czestochouiensis.

Imago D. V. a S. Luca, depicta et in Regno Poloniæ miraculis clarissima.

NRA SRA DE LA CANDELARIA

MISTÉRIOS QUE PURIFICAM

Oitava lição:

A Vida Religiosa

- Em que consiste a vida religiosa?
Consiste no aperfeiçoamento do espírito tendo em vista a união a outros seres espirituais semelhantes a ele, superiores a ele e a Deus.

- Pode o espírito alcançar uma vida totalmente religiosa de uma só vez?
Não. Mas pode fazê-lo por etapas.

- Que etapas são essas?
São quatro:
1 - A saída do Pântano Hílico; 2 - A vida Purgativa; 3 - A vida Iluminante; 4 - A vida de União

- O que significa, na primeira etapa, sair do Pântano Hílico?
Significa desejar e efectuar um divórcio consciente da vida puramente sensual, física, hílica ou material e decidir viver uma vida esclarecidamente virada para o espírito, com todo o esforço que isso requer.

(Não é fácil sair de um pântano quando caímos nele. Requer esforço e por vezes auxílio externo de alguém. O mesmo se passa nesta primeira fase. O desejo de sair deste pântano, onde estamos atolados, de forma a resgatarmos a vida requer esforço. Não se obtém a Luz sem esforço nem sofrimento. Tal como uma mãe tem de passar pelo parto para dar à luz, também nós temos de nos dar à luz, temos de passar nós mesmos por um parto, ou ponto de partida.)

- O que significa, na segunda etapa, a vida purgativa?
Significa uma etapa, uma ocasião para o espírito repousar algum tempo de forma a receber os mistérios purificantes.

(Digamos que esta etapa equivale a uma desintoxicação. Algo idêntico a quando se deixa de fumar. Pouco a pouco a comida passa a ter mais sabor, o olfacto torna-se mais apurado, a pele mais brilhante. Tal como o nosso corpo físico, o nosso espírito também necessita de se purificar.)

- O que significa, na terceira etapa, a vida iluminante?
Significa a estância onde o espírito ancora após se purificar. Aí ele vai tornar-se progressivamente radiante até que o seu brilho atinja um grau de flamância e de pureza que lhe permita regressar ao reino de luz.

- O que significa, na quarta etapa, a vida de união?
Significa o ponto em que o espírito, regenerado e puro se une, ou se reintegra, a/em Deus.

- O que representam as várias etapas da vida religiosa na terra?
Elas representam, embora de forma imperfeita, o desenvolvimento sagrado que ocorre nos nossos espíritos, no processo evolutivo que ocorre no universo durante o curso do tempo.

- A vida purgativa pode continuar para além da morte?
Sim, é possível que tal aconteça. O espírito pode ter passado por um processo de purificação sem o completar na totalidade o que leva a que o espírito carregue um determinado grau de impurezas. Para que o processo se complete, existe uma vida purgativa fora da terra. Este estado tem o nome de PURGATÓRIO.

- Em que consiste o estado de purgatório?
Consiste no trabalho efectuado com vista à purificação tendo como objectivo eliminar todas as obsessões sensuais. Ou seja, dos sentidos. Este processo pode levar mais ou menos tempo. Acompanha este processo a lenta purgação da pessoa.

- Porque é que a vida purgativa predomina na terra?
Porque o homem que nela habita cometeu pecado, necessitando agora dos mistérios purificantes necessários à sua evolução.

PEDE VIRGINIS TIMEO

TEMPERATIRAS

Nona lição:
O Pecado

- E quem consiste o pecado?
O pecado consiste na desobediência às leis morais, ou seja às leis do mundo dos espíritos sensatos.

- O que leva o homem ao pecado?
A sua alma; Os desejos que nunca se satisfazem e que pedem consecutivamente ao espírito que os satisfaça sem nunca se sentirem completamente saciados.
Os enganos decepcionantes que incendeiam a vista.
A atracção que as obras de Satan exercem nos sentidos, ou seja na natureza.

- Que nome damos ao homem que deixa o seu espírito ir de encontro aos impulsos da alma ou às atracções da natureza?
Damos-lhe o nome de homem carnal ou HILICO.

- Que nome damos ao homem detentor de um espírito que vence os impulsos que recebe?
Damos-lhe o nome de homem ajustado ao espírito ou PNEUMÁTICO.

- Todos os homens podem ser classificados nestas duas categorias?
Não, muitos deverão ser colocados numa categoria intermédia.

- Que nome lhes é dado?
É-lhes dado o nome de psíquicos ou mentais.

- Qual é o efeito imediato do pecado?
A desordem no mundo espiritual.

- Qual é a pena do pecado?
É o afastamento do pleroma espiritual ou do mundo espiritual e a perda do Espírito Santo.

- Quais são as consequências do afastamento do pleroma?
São a reincorporação com a perda da personalidade e a perpetuação da dor e da morte.

- Quais são os efeitos do pecado na alma?
Em primeiro lugar, a produção de seres característicos que chamamos LARVAS. Estes consomem a alma, enfraquecendo-a em força e vontade, e abrindo caminho para a entrada de elementares que a podem ferir e mesmo chegar a dominá-la completamente.

- Pode o hábito do pecado levar à desintegração do espírito individual?
Sim, o hábito persistente do pecado depois de uma determinada quantidade de reencarnações pode desintegrar todo o ser espiritual. Essa é a morte eterna.

- Podem apagar-se os efeitos do pecado absolvendo o seu sofrimento?
 Sim, podem, a isso exotericamente chama-se REMISSÃO DOS PECADOS.

- Quais são as condições requeridas para a remissão dos pecados?
São:
1. O arrependimento;
2. Gerar forças enérgicas suficientes; através de jejuns, abstinências e meditações para as colocar ao serviço do desejo de não voltar a pecar ou a espalhar a desordem originada pelo pecado;
3. O exercício do poder da oração, ou seja, da efectividade das preces de Jesus, dos anjos e dos santos;
4. O exercício do poder sacerdotal. Ou seja, da acção onde o SACERDÓCIO medeia os mistérios purificadores, pelos quais a alma e o espírito do pecador são purificados.

- Que nome se dá a este estado de purificação?
Dá-se o nome de ESTADO DE SANTIFICAÇÃO.

Electa vt Sol.

Stella Matutina.

Pulcra vt Luna.

Consolatrix Afflictorum.

Salus Infirmorum.

CONSOLATRIX AFFLICTORVM

Décima lição:

A Oração

- O que é a oração?
A oração é uma elevação do nosso espírito em direcção a Deus. É a expansão dos nossos sentimentos dentro do peito do pai.

- Qual é o objectivo da oração?
Render homenagem a Deus, pedir-lhe por tudo o que necessitemos espiritualmente que vise procurar a sua graça.

- Em que local devemos orar?
Em qualquer local, mas particularmente na Igreja.

- Quando devemos orar?
Devemos sempre manter o espírito de oração; contudo, devemos especialmente orar no início e no fim do dia e em todos os momentos em que sentirmos necessidade da ajuda de Deus.

- Qual é o efeito da oração?
É espalhar paz e harmonia no espírito ao mesmo tempo que nos une a Deus e une todos os homens entre si.

- Cristo o Salvador deu-nos um modelo de oração?
Sim, deu. Chama-se ORAÇÃO DOMINICAL ou PAI-NOSSO.

- Pronuncie a oração dominical.
Pai-nosso que Estais no céu;
Santificado seja o Vosso Nome;
Venha a nós o Vosso Reino;
Seja feita a Vossa Vontade assim na Terra como no Céu;
O pão-nosso (suprasubstancial ou) de cada dia nos Dai hoje;
Perdoai as nossas ofensas assim como nós perdoamos a quem nos tem ofendido;
E não nos deixeis cair em tentação,

Mas livrai-nos do mal.

Pois Vosso é o Reino o Poder e a Glória para sempre. Ámen

- O que significa a palavra ámen?

A palavra ámen significa: que assim seja.

É o sinal de consenso, de aprovação da assembleia ao que o sacerdote exprime. "Quando o Bispo está sozinho dentro do santuário, diz Santo Agostinho, as pessoas oram com ele e subscrevem as palavras que ele pronuncia ao responderem: Ámen."

- Que recomendação fez Cristo o Salvador em relação às orações?

Ele recomendou que orássemos em seu nome. Estas são as suas próprias palavras: "Tudo o que em meu nome pedirdes a meu pai, ele vo-lo concederá."

Décima primeira lição:

Os Sacramentos

- O que é um sacramento?
É um rito sagrado, o sinal visível da acção invisível do Espírito Santo, destinado a purificar a nossa alma e o nosso espírito.

- O sacramento é sempre efectivo?
Sim, o sacramento é sempre efectivo e produz sempre a acção do espírito santo que ele (sacramento) representa, desde que o recipiendário não levante algum tipo de impedimento que bloqueie os seus efeitos.

- É pecado receber sacramentos sem a necessária preparação?
Sim, é um grande pecado chamado sacrilégio; ou seja: é uma profanação de algo sagrado.

- A efectividade do sacramento depende do mérito do ministro que o administra?
Não, pois o ministro é apenas um instrumento, um agente. Não é a sua devoção que torna efectivos os sacramentos. O sacramento ministrado por um pecador é válido se for administrado de acordo com o rito próprio e possuir a intenção de produzir o efeito produzido pela igreja.

- Quantos sacramentos existem?
Existem cinco sacramentos.

- Quais são eles?
Eles são, por ordem de dignidade:
O baptismo da água; o baptismo do fogo e do ar (consolamentum); o mistério do grande nome, também chamado o mistério das sete vozes e dos quarenta e nove poderes (a ordenação); o mistério inefável (a eucaristia), e o mistério da unção pneumática (extrema unção).

- A Igreja Greco-Romana não aceita também outros sacramentos?
Sim; ela aceita mais dois: casamento e confissão.

- O casamento é um sacramento?
Não, mas sempre existiu na Igreja uma bênção nupcial que consiste numa cerimónia religiosa simples.

- A confissão é um sacramento?
Não, mas é uma condição subjectiva requerida em todos os sacramentos; sendo os pecados redimidos por todos os sacramentos, não é necessário nem útil, que haja um sacramento específico para a remissão dos pecados.

- Como são classificados os sacramentos?
São classificados duplamente. Uns redimem os pecados numa ocasião, outros redimem sempre os pecados.

- Quais são os que redimem os pecados apenas numa ocasião?
São o baptismo da água, o baptismo do fogo e do ar e o mistério das sete vozes e dos quarenta e nove poderes que podem ser recebidos apenas uma vez.

- Quais são os que redimem sempre os pecados?
São o mistério inefável e as unções pneumáticas que podem ser dados quantas vezes se desejar.

- São os sacramentos necessários para a recuperação do homem?
Embora nem todos os sacramentos sejam necessários para cada um de nós; alguns como o baptismo da água e o baptismo do fogo e do ar são de facto absolutamente necessários

SINE HAC PERICLITOR

Décima segunda lição:

Os dois baptismos

- Qual é o arcano do baptismo da água?
É o arcano através do qual somos feitos Cristãos e nos tornamos novamente filhos de Deus.

- Existe uma idade própria para receber o baptismo da água?
Sim. A pessoa deve ter dez ou mais anos. Deverá também possuir algum tipo de instrução religiosa elementar.

- Quais são os efeitos do baptismo da água?
O baptismo da água lava as desonras externas da alma do pecador; ele produz uma certa mudança no espírito, que lhe fornece os meios para se tornar um novo homem, um filho perfeito de Deus e o prepara para a recepção completa do Espírito Santo.

- A que se compromete a pessoa ao receber o baptismo da água?
Compromete-se a:
1. Renunciar a Satanás e a todas suas manifestações, vaidades e trabalhos.
2. Acreditar na missão de Cristo, o Salvador; e a estudar e praticar as doutrinas que lhe ensinamos;
3. A receber, em caso de perigo ou de proximidade da morte, o baptismo do fogo e do ar.

- O que é o mistério do baptismo do fogo e do ar?
É aquele através do qual nos tornamos perfeitos Cristãos e verdadeiros Filhos de Deus, ou seja: homens do céu.

- Como é também chamado este mistério?
De CONSOLAMENTUM.

- É o Consolamentum necessário ao homem para que este se liberte das ligações com o arconte terrestre?
Sim, Cristo o Salvador declarou que sem o baptismo do fogo e do ar ninguém pode entrar no pleroma.

- Com que idade pode alguém receber o Consolamentum?
Com a idade mínima de 20 anos. Contudo em caso de morte iminente pode e deve ser sempre dado.

- Quais são os efeitos do baptismo de fogo e ar?
São:
1. A remissão dos pecados e a dádiva da força que evita que tornemos a pecar pelo menos durante algum tempo.
2. A amplificação da mudança produzida pelo baptismo da água, acentuando-a e tornando-a absolutamente inefável;
3. Tornar-nos templo do Espírito Santo de forma a recebermos os seus dons;
4. Tornar-nos cristão PERFEITOS;
5. A união do espírito do seguidor ao anjo originalmente designado para o velar e do qual foi separado no momento da queda.

CANDOR ILLÆSVS

Décima terceira lição:

O mistério do grande nome

- O que é o mistério do grande nome?
É o mistério através do qual um Perfeito recebe o poder do Sacerdócio.

- O que é um Sacerdote?
É um membro escolhido pela Igreja para realizar ou celebrar diversos ministérios e para administrar os sacramentos.

- Quem é o maior de todos os Sacerdotes?
É o nosso Salvador, Yeshua! O Cristo que São Paulo declarou como sendo o Eterno Presbítero, o Soberano Pontífice que uniu a terra ao pleroma, para que todos por ele possam ascender.

- Quais são os efeitos do mistério das sete vozes e dos quarenta e nove poderes?
São:
1. A remissão de todos os pecados cometidos até esse momento e a dádiva da força para evitar o pecado, pelo menos durante um período de tempo;
2. A produção no sujeito de uma mudança característica que permanece inefável;
3. A concessão do poder do sacerdócio.

- É o poder do Sacerdócio passado de presbítero a presbítero?
Sim, mas não só. A tradição Greco-Romana sustenta que Jesus deu o poder do sacerdócio aos seus apóstolos para que esses o pudessem passar aos bispos e assim indefinidamente. Contudo, é o Salvador que escolhe e chama o presbítero através da vocação; sendo o poder do Sacerdócio, isto é: a força de realizar com mérito o ministério, concedido pelo Espírito Santo.

- Além das preparações ordinárias necessárias para os sacramentos, existe uma preparação para a recepção do Sacerdócio?

Sim. Durante essa preparação o futuro sacerdote tem de desenvolver uma inteligência iluminada pelo estudo, uma vontade indestrutível e uma discrição incorruptível.

- Quais deverão ser as qualidades físicas e morais de um Sacerdote?

A primeira deve ser a pureza irrepreensível;

Deverá também ser sóbrio, casto, desprendido e inescrutável. Deverá conseguir permanecer impávido perante todos os tipos de prejuízo ou medos, sereno e calmo quando testado pelas contradições e pelos arrependimentos. Deverá ser sempre gentil e digno com todas as pessoas e evitar a total absorção obtida pelas relações sociais.

D. Virgo Clarimontis
Czestochouiensis.

Imago D. V. a S. Luca, depicta et in
Regno Poloniæ miraculis clarissima.

Décima quarta lição:

O Mistério Inefável

- O que é o Mistério Inefável?
É o Mistério que nos une, de forma muito especial a Cristo, o Salvador, e através dele a todos os que habitam o pleroma.

- Como nos unimos a Cristo, o Salvador, através deste mistério?
Unimo-nos bebendo o seu sangue e comendo o seu corpo pneumático sobre a aparência de pão e vinho.

- Como pode o corpo pneumático e o sangue de Cristo tomar a aparência de pão e vinho?
Através do fenómeno da TRANSUBSTANCIAÇÃO produzida pelo Espírito Santo.

- O Espírito Santo torna-se presente no altar durante a consagração?
Sim. Através das orações da assembleia e por meio do sacerdote, ele torna-se presente no altar. Por vezes, pessoas mais sensíveis, conseguem sentir a sua presença.

- Cristo, o Salvador, deixa o pleroma para ir ao altar?
Não, a sua vastidão torna-o presente simultaneamente no pleroma e em todas as partes de pão e de vinho.

- Nas oblações do pão e do vinho encontra-se Cristo indivisivelmente?
Sim, Cristo existe na plenitude em cada oblação. Embora ele habite os céus, as oblações oferecidas em seu nome tornam-se partículas de si mesmo, chegando a todos ao serem repartidas.

- O pão e o vinho contêm somente o corpo e o sangue de Cristo o Salvador?
Não. Neles está também contida a sua alma o seu espírito e a sua divindade. A plenitude de Cristo está (É) no pão e no vinho.

- Quais são os efeitos do mistério inefável?
São:
A total remissão dos pecados independentemente do espaço ou tempo em que tenham ocorrido;
A isenção completa e intemporal do pecado aos que o receberam conscientemente
A unificação a Cristo tornando o recipiendário participante no reino que não terá fim;
A aproximação e a comunhão total de todo o pleroma.

- Somos obrigados a receber o sacramento inefável?
Sim, o contrário será desdenhar da palavra sagrada que diz "Em verdade, em verdade vos digo: se não comerdes a carne do Filho do Homem e não beberdes o seu sangue, não tereis a vida em vós."

- Deve este sacramento ser recebido frequentemente?
Não existe essa necessidade. Não se deve abusar das coisas sagradas. Contudo a comunhão deve ser tomada, nos dias prescritos para a celebração do Santo Mistério e sempre que a ele se assistir.

- O que acontece aos que recebem o mistério de um forma indigna?
De acordo com a expressão de São Paulo: "comem e bebem o seu próprio julgamento e sua própria condenação."

Décima quinta lição:

O mistério das Unções Pneumáticas

- O que é o mistério das unções pneumáticas?
É o mistério que tem como propósito sustentar a força DOS DOENTES, livrá-los das enfermidades ou pelo menos aliviar-lhes os sofrimentos.

- A quem deve ser administrado este sacramento?
A todos os que estiverem doentes ou enfermos. Não se deve ministrar aos que corram risco de morte e não estejam enfermos.

- Porquê?
Porque o mistério das unções pneumáticas é o sacramento dos doentes, não dos moribundos.

- Pode receber-se este mistério várias vezes, durante um período de enfermidade?
Sim, certamente.

- Quais são os efeitos do mistério das unções pneumáticas?
São:
A remissão dos pecados; A dádiva da força que destrói as tentações das larvas e dos elementais, retirando-lhes todo o poder e reforçando física e moralmente o ser; Livrar-nos do mal.

- As unções pneumáticas permitem a dispensa de cuidados médicos?
Não. A medicina trata e facilita a cura espiritual que vem por meio do Espírito Santo, que mantém e é princípio da vida em geral.
O Espírito Santo actua tanto pelo ministério do médico como pelo mistério do Sacerdote. Desta forma, nenhum dos dois ministérios deve ser desprezado.

- Após alguém doente ter recebido as Unções Pneumáticas e estando a morrer, deverá ser-lhe ministrado o mistério inefável?

Sim. Desta forma poderá receber o pão celestial e a bebida da imortalidade.

Décima sexta lição:

A Igreja

- O que é a Igreja?
A igreja é a assembleia formada por todos os espíritos que reconhecem Cristo como Salvador e líder.

- Como é dividida a Igreja?
A Igreja é dividida em duas partes: a parte celestial ou Pleromática e a parte terrestre ou hílica.

- Portanto a Igreja não é totalmente visível aos nossos olhos?
Não. A maior parte da Igreja é invisível. Na verdade só uma pequena parte dela permanece na terra e é visível aos nossos olhos.

- Que outros nomes tem a Igreja?
A Igreja é também referida como reino de Deus, reino dos céus e reino da luz entre outros nomes.

- A quem pertence o governo dos sacerdotes do reino da luz e da Igreja Invisível?
Somente a Cristo, o Salvador, e a ninguém mais.

- Quais são os principais atributos da Igreja Invisível?
São ser una, santa, católica, apostólica e indestrutível.

- O que significa ser una?
Significa que na sua diversidade forma apenas um corpo organizado, tendo somente um líder e uma única ciência sagrada. Significa também que todos os seus membros se encontram unidos pela verdadeira caritas ou ágape e que também todos obedecem às mesmas leis morais.

- O que significa ser santa?
Significa que o seu chefe é o santo dos santos, sendo todos os seus membros santos.

- O que significa ser católica?
Significa que nela se incluem todos os seres, habitantes dos planos espirituais e materiais. Seres esses que durante o longo das idades permaneceram ou se tornaram seguidores do Salvador.

- O que significa ser apostólica?
Significa que mantém consigo a transmissão e a unção dada por Yeshua, O Cristo, aos seus Apóstolos.

- O que significa ser indestrutível?
Significa que sempre existiu, que existe e existirá pelas idades das idades.

- O que é a Igreja visível?
É a Assembleia ou Sociedade terrestre que reconheceu e reconhece Cristo como Salvador, governador dos povos e líder do pleroma.

- Os atributos da Igreja visível são semelhantes aos da Igreja invisível?
Deveriam ser. Infelizmente não o são inteiramente.
Os membros da Igreja visível concordam com determinados pontos da doutrina, mas não concordam com outros; Essas diferenças de concordância fizeram com que se criassem grupos hoje divididos em fragmentos ou ortodoxias como por exemplo a Grega, a Arménia, a Copta, a Velha Católica, a Romana, a Anglicana, etc.
Nestas divisões cada uma clama estar certa afirmando que todas as outras estão erradas. A mais orgulhosa destas ortodoxias da Igreja visível é sem dúvida a Igreja Romana. Esta é também a que tem estado permanentemente aliada aos príncipes deste mundo.

- Qual é o papel da Igreja?
É o de pregar a doutrina mais elevada da raça humana. A doutrina que professa fervorosamente as tradições universais e os ensinamentos de Cristo, o Salvador.
É trabalhar de acordo com seus meios para a unificação das ortodoxias.

É finalmente agregar todos os homens de boa vontade, que estando fora da Igreja visível, mereçam ser reconhecidos como sendo verdadeiramente católicos.

Para informação ver:

http//www.ecclesiaprimitiva.com

ou usar o e-mail:

geral@ecclesiaprimitiva.com

www.ingramcontent.com/pod-product-compliance
Lightning Source LLC
La Vergne TN
LVHW051707080426
835511LV00017B/2772